INFENTERIE DE MARINE

LE 5ᵉ BATAILLON DE MARCHE

ARMÉE DE LA LOIRE — ARMÉE DE L'EST

« Quant à la marine, qui s'est couverte de gloire par les ser-
« vices rendus sur nos frontières de terre et deux fois autour de
« Paris, contre les Prussiens et contre l'anarchie, aucune
« réduction ne vous sera proposée qui puisse nuire à l'entretien
« de son héroïque personnel, ni à ses armements indispensa-
« bles. Les constructions qui auront le double avantage de
« maintenir l'effectif de notre flotte, et de conserver dans nos
« arsenaux nos ouvriers les plus habiles seront continués. Tou-
« tefois ces vastes travaux qui nous ont coûté depuis quelques
« années plusieurs centaines de millions, pour des essais
« très-remarquables, mais qui ont fait plus d'honneur à notre
« génie natal que de profit à la force définitive de notre flotte,
« ils seront ajournés. Le temps est venu de profiter à notre
« tour des essais des autres nations après les avoir tant enri-
« chies des nôtres. »

Message du Président de la République.

7 Décembre 1871.

INFANTERIE DE MARINE

LE 5ᵉ BATAILLON DE MARCHE

ARMÉE DE LA LOIRE — ARMÉE DE L'EST

Par

UN BOURGEOIS DE PARIS

Ex-volontaire

SAINT-NICOLAS-VARANGÉVILLE

(MEURTHE)

Eugène LACROIX, Imprimeur-Éditeur

—

1871

UN CHAPITRE

DE LA

CAMPAGNE DE FRANCE

1870-1871

I.

Dans le courant de septembre, alors que l'investissement de Paris était confirmé à Brest, il fut décidé qu'un bataillon de marche serait formé d'un corps de volontaires, choisis dans le 2ᵉ régiment d'infanterie de marine, qui tenait garnison dans cette ville.

A cette époque, le corps avait déjà reçu environ deux cents hommes (officiers sous-officiers ou soldats), qui, faits prisonniers à Sedan s'étaient, au péril de leur vie, échappés des mains de l'ennemi ; chaque jour voyait arriver des groupes de 10 à 20 hommes.

Ils furent les premiers à demander à partir, ceux-là qui venaient d'échapper à tant de dangers ; ils brûlaient de prendre leur revanche.

Trois compagnies furent formées, elles prirent,

comme dénomination, les lettres E. F. G. Dans le
cours de la campagne, un mois plus tard, deux
autres compagnies nous rejoignirent, ce furent les
compagnies M. et N.

Ces cinq compagnies ne comptèrent que des volontaires et des hommes choisis, depuis notre brave
commandant, M. Laurent, jusqu'au dernier soldat.
Elles formèrent le 5ᵉ bataillon de marche du 2ᵉ régiment d'infanterie de marine. L'effectif de chaque
compagnie, élevé à 210 hommes, s'augmenta plus
tard, au camp d'Argent, par un détachement venu
de Toulon et atteint alors le chiffre de 250 hommes.

Le dimanche 2 octobre, notre bataillon, en tenue
de campagne, fut passé en revue par le commandant de la portion de corps. On lisait sur le front de
tous nos hommes l'envie de bien faire ; pas de cris,
pas de tapage, pas de fanfaronnade, mais l'attitude
de vrais et de bons soldats qui, ne se faisant pas
d'illusions sur les fatigues qu'ils auraient à suppor-
ter, partaient tous avec la volonté de vaincre et de
mourir pour la patrie.

Après la revue, notre commandant nous fait
former le cercle et nous adresse une courte allocu-
tion, discours d'une brièveté toute militaire, dont
voici à peu près la teneur :

« Nous allons à l'ennemi pour vaincre et pour
mourir ; obéissance passive, discipline sévère,
voilà nos premières conditions de succès.

« Le bataillon devra toujours combattre isolément,

vous êtes une troupe d'élite destinée à couvrir les
flancs de l'armée, ou à éclairer sa marche en avant ;
tous nos commandements se feront au sifflet et à voix
basse. Tout homme qui abandonnera son sac, son
arme, ou qui reculera devant l'ennemi, *sera fu-
sillé* (1). Nous coucherons toujours dans les champs
ou dans les bois, nous n'aurons peut-être pas toujours les vivres sous la main, vos officiers partage-
ront vos travaux, vos privations, vos dangers, vos
fatigues.

« Que ceux qui doutent d'eux se retirent, pendant
qu'il en est encore temps. »

Pas un homme ne fit mine de sortir du rang, et
les cris de *vive notre commandant! vive la France!*
font vibrer les vitres du quartier. Ceux qui, moins
heureux, restent à Brest, nous acclament chaleu-
reusement et joignent leurs cris aux nôtres.

Ici commence la campagne.

On se reforme en bataille, puis a lieu la distribu-
tion des cartouches (90 par hommes), on distribue
des vivres pour 4 jours et nous voilà partis, par un
beau soleil, jusqu'à la gare. Nous nous embarquons
pour un endroit inconnu.

Le troisième jour nous arrivons à Nevers, nous
allons camper sur la promenade de la ville ; déjà des
troupes y sont installées, quelques compagnies de

(1) Si M. Trochu avait un peu suivi ces principes vis-à-vis des
gars de Belleville, aurions-nous vu les Prussiens à Pantin et les
communards à l'Hôtel-de-Ville ?

gendarmerie à notre droite, au-dessus un régiment
non habillé et non équipé de tirailleurs algériens ;
ils me font l'effet d'une bande de voleurs, plutôt que
d'une troupe de soldats. La vermine pullule déjà
dans ce camp improvisé et notre commandant nous
fait passer la Nièvre, pour nous camper sur une
avenue où nous sommes débarrassés du contact de
cette troupe indisciplinée et malpropre.

Nous restons là huit jours, sans trop savoir pourquoi ; on nous distribue des ceintures de flanelle,
les comptables établissent des états de proposition
tous les jours. Ceci me rappelle un fait personnel
qui m'a valu un bon dîner. Déjà je commençais à
apprécier la valeur d'un dîner à table, car je ferai
remarquer que pendant tout le cours de cette mal-
heureuse campagne nous n'avons eu que de la pluie
ou du froid, campement dans l'eau jusqu'à la dé-
bâcle d'Orléans et, depuis cette époque, dans la neige.

Je reviens à mon dîner. Mon commandant de compagnie, vient m'annoncer que je suis nommé sous-
lieutenant sur une proposition de Brest ; c'était une er-
reur , mais j'eus le plaisir de me croire officier pendant
24 heures et de faire un bon repas *à table* avec mon
Capitaine qui voulait fêter mon épaulette.

Un matin, on nous annonce le départ. Nous mar-
chons en avant. Grande joie dans le petit camp ;
on roule les couvertes, on ploie les tentes et nous
voilà partis. Là je crois laisser Valancourt, mon fourrier, aujourd'hui sous-lieutenant et je dois dire qu'il

a bien gagné son épaulette. Si tous les officiers de gandins, de la mobile avaient eu le 1/5 de sa valeur ! Mais à quoi bon revenir sur ces misères ; il était malade et alité depuis deux jours, mais il veut partir, de crainte de ne plus nous retrouver et le voilà levé et en route avec une fièvre de cheval. Trois jours après, il n'y pensait plus ; il avait battu la maladie pour se préparer à battre l'ennemi. Après quelques heures de chemin de fer, on s'arrête au milieu des champs et nous voyons le convoi filer à vide devant nous. Nous restons une demi-heure environ, puis on nous fait prendre une route qui nous amène dans une ville : c'est Gien. Nous allons camper devant l'église ; nous restons là huit jours, la ville est encombrée de gardes mobiles, troupe indisciplinée et mal conduite, ils refusent d'aller à l'exercice, les boulangeries sont gardées par des factionnaires, nous recevons nos vivres régulièrement, un bataillon de chasseurs de Vincennes est campé à côté de nous. De l'autre côté de la Loire, sur la grève et en face de nous, nous voyons le campement d'un bataillon du 3e et un du 4e d'infanterie de marine, il y a aussi un régiment de ligne, des zouaves et des tirailleurs algériens. Nous occupons notre temps à faire l'école de tirailleurs et à exécuter quelques promenades militaires pour accoutumer les hommes à la marche, au port du sac, et de tout l'attirail de campagne.

Le bataillon pousse une pointe jusqu'à Dampierre,

il y passe une nuit et revient le lendemain sans avoir vu l'ennemi.

La troupe commence à s'ennuyer de l'inaction dans laquelle on la laisse ; ce n'est, hélas, que le commencement.

Le 23, à 4 heures du matin et précipitamment, on lève le camp, nous traversons la Loire. C'est le grand coup, pensons-nous, on va sur Orléans par Sully, etc., chacun dit la sienne. Point n'était cela et la fin de la promenade nous trouve à Argent à 5 lieues 1/2 environ en arrière ; nous traversons Argent et allons camper dans une vaste plaine. Derrière nous se place l'artillerie, à notre droite campent les tirailleurs algériens, des chasseurs de Vincennes, puis 2 régiments de ligne, c'est la formation de la 1re brigade du 15e corps de l'armée de la Loire (général Martin des Paillières). Nous voilà donc embrigadés ; adieu les marches de nuit, les combats d'avant-gardes, les surprises et le reste, distractions que nous nous étions promises et auxquelles nous n'avons même pas goûté, car voilà un mois que nous nous promenons inutilement en France pendant que l'ennemi s'avance comme une nuée de sauterelles dans nos départements du Nord Nous passons notre temps à faire l'exercice et Paris est investi et commence à compter ses vivres. Nous restons là combien de temps, peut-être trois semaines. Un jour, le bataillon pousse une pointe jusqu'à Cerdon ; on y a vu des uhlans, un garde national tire sur eux trop tôt, probablement il était payé pour cela, l'ennemi s'enfuit et nous revenons bredouille ; on reste à Cerdon deux jours, puis on revient à Argent.

Enfin, il est question de lever le camp d'Argent et de marcher résolùment en avant.

La brigade se met en marche, nous faisons halte vers le soir à Cerdon, on allume les feux de bivouac dans les rues, les hommes prennent quelques moments de repos. Trois heures après environ, nous repartons et le matin nous entrons dans Sully, une charmante petite ville assise au bord de la Loire. Ils sont patriotiques, les habitants (1), on voit qu'au premier coup de fusil, pour peu que nous marchions en avant, ils nous emboîtront hardiment le pas.

A Sully, nous nous arrêtons trois jours ; notre bataillon campe sous la halle. Ce temps d'arrêt de trois jours, alors que nous avions fait une marche forcée, commence à nous sembler de mauvais augure ; pourquoi ne pas nous avoir lancés dans la forêt d'Orléans.

Enfin, l'ordre du départ est donné ; on traversera la Loire demain. Les habitants sont dans l'enthou-

(1) Ici je pique une note que mon estomac reconnaissant me suggère, en remerciant Mme Vigouroux de sa bonne hospitalité. Le petit état-major de la Compagnie G., a eu tout le temps table ouverte et bonne table, et si franchement, si cordialement offert : combien de fois plus tard nous avons eu à établir la différence alors que nous traversions d'autres pays bien moins hospitaliers.

siasme, ils font des vœux pour nos succès et, par avance, beaucoup d'entre eux fêtent nos soldats.

Le matin, la colonne s'ébranle, notre bataillon en tête, avec mission d'éclairer la marche ; nous faisons alors nous, le 5e bataillon, fonction de cavalerie et d'éclaireurs, grâce à notre pas allongé.

Nous traversons la Loire, le plus grand silence est recommandé ; nous prenons presque le pas gymnastique, tant l'impatience nous galope ; nous traversons Bonnie, Bray, nous arrivons à Bousy ; nous voilà dans cette fameuse forêt d'Orléans, dont pas un de nos généraux n'a jamais connu, ne connaît et ne connaîtra pas les routes. Mais, n'anticipons pas ; voilà donc trois lieues de faites environ, on arrête la colonne et l'ordre est donné de faire la soupe ; puis nous restons là environ deux heures et demie. Cette longue halte commence, pour ma part, à me faire réfléchir ; j'en cause avec les sous-officiers de ma compagnie, tous des échappés de Sedan. Ça va mal, disons-nous, il va y avoir contre-ordre.

Hélas ! nos prévisions sont justes et l'on nous donne ordre de faire demi-tour, avec une précipitation qui n'a jamais été justifiée. Nous, extrême avant-garde, à une lieue en avant, nous n'avions pas même eu l'occasion de tirer une cartouche. Quel est le général qui a donné cet ordre et à quel propos ? Mystère, mystère !.... M. de Paladines doit savoir cela, lui. Il faut dire que la réception des châtelains de ces pays avait beaucoup de séduction ; à Argent,

à Cerdon, à Sully, un peu partout. Généraux, inten-
dants, officiers d'états-majors, tous des moblots et
petits crevés, se gobergaient parfaitement, palpant
leurs appointements qu'ils économisaient, et vivant
aux dépens des châtelains qui, du reste, mettaient la
meilleure grâce du monde à les retenir. Et pendant
ce temps, les vrais, les bons soldats (officiers sous-
officiers et soldats), sous la tente, se mangeaient les
poings d'impatience, et usaient inutilement les vivres,
la solde, les vêtements du Gouvernement, si mal
nommé, de la défense nationale. Ah ! les 90 cartouches de nos hommes, qu'elles commencent à leur
peser depuis six semaines que sans les pouvoir
échanger ils les promènent dans la crotte !

Nous battons donc noblement en retraite et en bon
ordre (mot consacré) ; nous nous arrêtons à Sully, où
nous faisons triste mine. Nous voyez-vous partir
avec l'air décidé, nous devions tout dévorer, tout
renverser, ne nous arrêter qu'à Paris, et puis, après
trois lieues !! en retraite, sans avoir vu l'ombre d'une
chenille bavaroise, d'une marmite prussienne, nous
traversons Sully et nous retournons à Cerdon.
Notre bataillon s'y cantonne et le reste de la colonne
va retrouver son campement d'Argent, et, pendant
ce temps, le brave Trochu et le brave Ducrot di-
saient à nos bons Parisiens que l'armée de la Loire,
marchant de succès en succès, allait arriver sous
les murs ; ils armaient la canaille de chassepots, la
gardaient dans Paris et lançaient contre l'ennemi nos

braves bataillons de la Presse et des compagnies de marche.

A cette époque, la compagnie fut détachée comme poste avancé à Isdes. Elle y reste quelques jours. Nous y faisons un service assez actif quoique complétement inutile d'avant-postes.

Le bataillon nous rejoint à Isdes et nous poussons tous jusqu'à Vannes ; là nous restons, deux jours, le deuxième jour il se passe un épisode qui, malheureusement, n'a pas eu son dénoûment : nos cartouches sont encore restées dans la giberne.

Des femmes éplorées, des hommes, des enfants, des vieillards, arrivent sur des charrettes à Vannes ; ils nous apprennent que Vienne-en-Val est livré aux flammes par les Prussiens. M. Jay, commandant de la compagnie G, demande à notre chef de bataillon, M. Laurent, la permission de courir sus à l'ennemi avec sa compagnie. Notre commandant donne l'autorisation et nous annonce que si la marche en avant se continue, il fera suivre nos sacs sur des voitures. Nous voilà donc partis à la légère. M. Jay réunit une centaine d'hommes, ceux qui lui tombent sous la main les autres sont aux avants-postes ou de service. M. Jay, le sergent-major les sous-officiers, Mary, Cousin, Tahié, ah, n'oublions pas notre clairon Jouanne et tout le peloton, nous prenons le pas allongé, un petit pas de course. A Tigy, nous apprenons que la compagnie d'éclaireurs manœuvre sur notre droite, du côté de Neuvy-Guilly. Nous

arrivons au-dessus de Vienne, en traversant un
petit bois qui nous permet d'examiner la plaine ;
cette plaine est parsemée de villages et de bourgs
importants, nous apercevons Jargaux, Olivet et à
l'horizon les clochers d'Orléans, jamais encore nous
n'avons été si loin. Cette vue d'Orléans nous donne
un stimulant dont au surplus nous n'avions pas
besoin, nos hommes sont déjà assez émoustillés.

Là, des gens du pays nous renseignent sur la ma-
nière d'opérer des bandits prussiens ; tous les ma-
tins, sur les cinq heures, ils viennent par bandes
de 100 à 200, ils réquisitionnent le fourrage, le
pain, le blé, enfin tout ce qui est à leur convenance,
puis, après bien boire, ils repartent pour recom-
mencer le lendemain.

La veille, dans une de leur excursion, un franc-
tireur, égaré par là, avait tué un de leurs hommes.
Le matin ils étaient revenus et, pour venger la mort
de leur soldat, ils avaient pris les habitants de la
principale rue, devant l'église, les avaient attachés sur
leurs lits, puis, après avoir mis le feu aux paillasses,
ils avaient fermé les portes ; quelques moments
après, tout brûlait et les cris des victimes se mêlaient
au craquement des poutres et des vitres qui se
brisaient.

Pendant ce temps, ces blonds et doux allemands,
venus en France pour nous apprendre à nous, Parisiens, la patience, les bonnes mœurs, la tempé-
rance, etc., faisaient bonne garde pour empêcher

tout secours d'arriver, et ce ne fut qu'après être sûrs que leur œuvre de destruction était bien complète, qu'ils quittèrent la place.

Nous arrivions une heure après, prévenus trop tard, et cela a toujours été ainsi. Les populations ont été d'une lâcheté remarquable pendant toute cette guerre, et si la ruine, le vol, le viol, le pillage et l'incendie se sont abattus sur nos villes et nos campagnes, il faut avouer que la couardise des habitants en a été presque toujours la cause. Vingt années d'empire rendent un peuple bien lâche.

Pour en revenir à notre affaire, M. Jay étant renseigné sur les chemins que prenait l'ennemi et sur ses allures, pose des postes avancés, puis chacun se dispose, en attendant l'heure de se battre le lendemain, à prendre du repos et surtout de la nourriture ; on était parti le matin avant la soupe, de sorte que personne n'avait ni bu ni mangé. Chacun des habitants prend qui un, qui deux troupiers à sa charge. Mon lieutenant m'invite à partager son repas, que nous prenons dans l'hôtel du pays. Préalablement, j'avais donné un mot pour Valancourt, mon fourrier, qui était resté à Vannes, et je lui disais qu'il vienne nous rejoindre avec le reste de la compagnie et qu'il presse l'envoi des sacs. J'avais idée qu'une fois tous nos hommes sous la main, nous pousserions notre pointe, sans plus nous préoccuper de notre brigade et je soutiens que nos 250 gars, se jetant tout à coup à corps perdu dans Orléans, auraient

causé un joli désordre parmi les Bavarois qui l'occu-
paient. Pendant le dîner, on nous amène des gens
soupçonnés d'espionnage. M. Jay les fait relâcher,
faute de preuves suffisantes. Il est neuf heures environ ; après force libations et de beaux projets faits
pour le lendemain (la fable de la laitière et du pot
au lait), nos marsouins se disposent à s'allonger dans
quelques coins, et nous allions en faire autant lors-
qu'une estafette, expédiée par notre commandant,
nous donne l'ordre de virer de bord immédiatement.

Adieu tous nos projets, rompez les faisceaux, et
en retraite. Les habitants, qui comptaient sur nous,
pleurent et se lamentent ; ils nous supplient, en nous
embrassant de rester. Mais l'ordre est là, il faut
partir après avoir usé d'une hospitalité que nous ne
pourrons pas récompenser. Nos hommes ne marchent
plus si bien que le matin. Ils marchent en rechignant,
en grognant et ma foi, je n'ai pas, pour ma part, le
courage de leur imposer silence, parce que ce qu'ils
pensent tout haut je le pense tout bas. En route, un
cavalier vient à notre rencontre, il demande le sergent-major. C'était mon commandant qui me donnait
l'ordre péremptoire de revenir ; il avait intercepté
le mot que j'envoyais à Valancourt, mon fourrier.
Le lendemain, dès le matin, retour à Cerdon, puis
le surlendemain à Sully.

Nous revoyons encore les habitants hospitaliers
de cette charmante petite ville.

Ils nous reçoivent avec la même urbanité, et j'a-

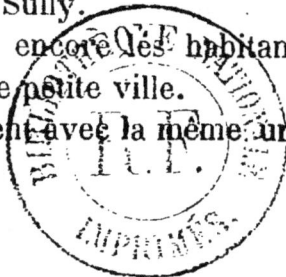

voue que pour ma part, j'en suis tout étonné. Ils comprennent, ces braves gens, qu'après tout, il n'y a rien là de notre faute. Bien armés, bien disciplinés, bien aguerris, voilà 1200 hommes qui, depuis sept semaines promènent leurs guêtres et leurs cartouches à cent portées de canons (acier Krupp), et tout le Nord est envahi, et les chevaux prussiens mangent, depuis tantôt trois mois, les récoltes de la Champagne, de la Bourgogne et de la Beauce.

CONCLUSION.

Je conclus pour ainsi dire à la préface.

Lorsque je commençais, à l'aide de mes souvenirs, à écrire l'histoire de mon bataillon, je pensais pouvoir mener à bonne fin ce petit travail ; mais des préoccupations de tous genres sont venues y mettre obstacle. Aujourd'hui, j'ai perdu le souvenir et puis il est trop tard, qui n'a pas dit son mot, c'est à qui se sera le mieux battu, etc., etc., et personne n'a cependant raconté cette épisode d'un seul bataillon, attaquant devant Neuville, ATTAQUANT, entendez-vous bien, tout une brigade prussienne : Cavalerie, Infanterie, Artillerie et le reste et lui tenant tête tout une journée, pendant qu'un général qui avait nom Minot, se croisait les bras à une demi-lieue de là, à Neuville même. Ah ! le soir de ce jour, la cartouchière ne nous pesait plus, car nous avons cessé le combat faute de munitions.

Et avec nos braves généraux de l'Est, je dis nos braves généraux, car à l'armée de l'Est, nous les avons vus, mais à l'armée de la Loire, pour ma part, je déclare n'en avoir vu qu'un; il était à ce moment très-occupé de chercher ses canons qu'il avait oubliés dans la forêt d'Orléans, alors qu'il abandonnait Neuville sans combat.

Dirais-je ce que nous avons fait, dirais-je qu'à Pontarlier nous avons soutenu la retraite et l'honneur du drapeau pendant deux jours, les pieds dans la neige et le ventre creux, à quoi bon ? tout cela fut inutile ! ! !

Au surplus ce n'est pas pour le public, c'est pour mes camarades que j'avais l'intention d'écrire la relation de notre campagne, commencée le 4 octobre 1870 et terminée si misérablement le 3 février 1871, c'est pour le petit nombre de survivants (1), c'est aussi pour les jeunes gens que je voulais écrire, qui auraient pu apprendre en lisant mon journal de campagne que dans l'INFANTERIE DE MARINE il faut savoir se battre et mourir pour son pays.

UN BOURGEOIS DE PARIS,

Ex-Volontaire.

(1) Le Bataillon, composé de 1200 hommes au départ, n'a pu réunir 100 hommes à sa rentrée à Brest.

IMPRIMERIE DE E. LACROIX, A SAINT-NICOLAS-VARANGÉVILLE (MEURTHE).

179